APRENDE SOBRE EL DINERO.

Manual de aprendizaje

Aprende Como poder ahorrar, salir de deudas, invertir, ganar más tiempo y aumentar tus ingresos.

APRENDE SOBRE EL DINERO

APRENDE SOBRE EL DINERO

Manual de aprendizaje.

Aprende Como poder ahorrar, salir de deudas, invertir, ganar más tiempo y aumentar tus ingresos.

(Meta: 6 millones de unidades en ventas, precio 2.30 dólares)

Aprende sobre el DINERO.[1]

1. El Poder del dinero

2. Cómo AHORRAR sistemáticamente y como salir de dudas.

3. Como puedo INVERTIR mi dinero.

4. Consejos para salir de DEUDAS malas.

5. Cómo generar más INGRESOS y ser más productivo.

6. Cómo tener más TIEMPO para hacer todo lo que deseo.

7. Cómo disminuir GASTOS y poder ahorrar más.

Prólogo

APRENDE SOBRE EL DINERO

En mi constante búsqueda a lo largo de casi 20 años de investigación y afán de querer conocer todo sobre el dinero, de querer encontrar una fórmula fácil de aplicar y adaptar a cualquier ámbito de la vida y poder explicarlo en este pequeño libro y que lo pueda entender hasta un niño de ocho años. Tal como ya hemos escuchado o visto, sabemos que el dinero es un producto o un instrumento el cual se usa para comprar bienes y servicios para hacer mas facil nuestras vidas. Otros lo usan de otras formas y solo le dan el uso de que el mismo dinero aprenda a hacer mas y mas dinero, sí, esos son los ricos, ellos saben que si gastan el dinero que tienen entonces jamás podran llegar a ser millonarios... al contrario de los pobres, ellos gastan el de hoy con la esperanza de que mañana aparecerá el de mañana y asi sucesivamente desde que empiezan su vida productiva hasta que mueren. El dinero es muy inteligente, es muy objeto inanimado pero ve, siente y tiene sentimientos. Has visto a alguien que se ha ganado un monton de dinero y lo malgasta de tal forma que nunca mas vuelve a ver ni siquiera un 10% de la cantidad que malgastó. Este no se queda mucho tiempo donde ve que no ingendrará muchos hijos y se convertira en una fortuna. El secreto del exito de los ricos y millonarios es que su dinero siempre esta bien cuidado no importa la cantidad que sea, por mas minima siempre estará en una situacion de crecimiento. Pues ellos saben que la unica forma de hacer dinero es con dinero y si ese dinero no lo aprecias cuando inicias, este no estará contigo para todo lo que deseas.

Lo que si podemos afirmar es que el dinero llega primero a la mente del hombre sabio y luego también aparece en sus bolsillos y bancos.

He escrito este pequeño libro para usted que también está con las mismas dudas e inquietudes que tuve yo un principio y que es importante que usted aprenda mucho antes de la edad que lo hice yo y pueda encausar su vida por el camino de las riquezas y el bienestar económico personal, profesional y familiar. Pues mientras más temprano te inicias mejores resultados obtienes, claro, si haces las cosas como deben ser hechas, nada conseguirlo de forma fácil y rápida, ese dinero logrado de esa forma no es un dinero que puedas heredar a tus hijos y nietos, no es un dinero que te de paz y tranquilidad, y para ser sinceros, nadie quiere tener fortuna si en ninguna forma posible la disfrutaras de una manera placida y en plena armonía con tus seres queridos.

Lo que quiero es que cada día más personas se eduquen en cuanto al manejo del dinero y a los hábitos a los que hay que someterse para hacer de este instrumento de intercambio un gran bien que adorne tu vida y que se quede para siempre y lo más importante que sirva para que otros puedan tener mejor vida por medio a que tú puedas encaminarlo a un mejor sendero e incluso ofrecer ayuda económica a cuantas más personas puedas en el mundo.

Todos sabemos que no todos tienen las mismas oportunidades de crecer financieramente y que siempre habrá personas en el lado de OFRECER AYUDA y otros del lado de RECIBIR AYUDA. Estamos trabajando con la esperanza de que los que tienen la dicha de ser los que pueden ofrecer cada día sean más y es una operación directamente proporcional, pues cuantas más personas pasen de recibir a dar, menos habrá para ayudar.

Desde muy pequeño he sido asiduo fiel de que las riquezas las posee quien tiene el corazón grande para dar y ayudar a otros.

Para llegar a tener riquezas primero debes servir a la gente, primero debes dar sin recibir nada a cambio, luego podrás pasar a un estatus donde puedes exigir un pago por lo que haces y ahí iniciara tu carrera de licenciatura en riquezas.

Recuerda que lo más valioso que puedes llegar a comprar con dinero es el tiempo de los demás. Si tienes mas tiempo, mas dinero puedes hacer y mas tiempo puedes tener para dedicarselo a lo que realmente es importante en la vida, la familia. Muchas veces a las personas se les va la vida en trabajo y trabajo por su familia pero al no tener tiempo con la familia

EL PODER DEL DINERO

APRENDE SOBRE EL DINERO

Educación Financiera y algo más:

El dinero contiene infinidades de principios y aplicaciones para todos y cada uno de los siete mil millones de seres humanos del planeta, de los cuales en muchos casos la mayoría de personas promedios no manejan o son completamente ignorante en cuanto al manejo y administración del dinero como medio de vida.

El dinero funciona en todas las aéreas de nuestras vidas, en unas es muy imprescindible y en otras no tanto, pero lo que sí es una verdad absoluta es que nadie puede vivir sin él. Puede haber personas que vivan con el mínimo permitirle pero eso no quiere decir que tengan el deseo de vivir así por decisión propia, más bien es por dificultad de conseguirlo a gran escala. Nadie se ha quejado por tener mucho dinero, los ricos y millonarios dicen que el dinero no te hace feliz, pero es mucho mejor reír cuando tu cuenta de banco posee muchas cifras y ceros a la derecha que teniendo una cuenta vacía. De una forma u otra es importante aprender sobre él, sea que usted se dedique en cualquiera de los cuadrantes del efectivo, tales como, <u>EMPLEADO, AUTOEMPLEADO, DUEÑO DE EMPRESA O INVERSIONISTA</u>, denominado así por el ilustre escritor e inversionista mayoritariamente de bienes raíces en los Estados Unidos y otros países, el señor Robert Kiyosaki (Autor de Padre Rico, Padre Pobre su obra más famosa).

A usted le interesa saber sobre el dinero sin importar a lo que dedique la mayoría de su tiempo, ya sea en negocios o simplemente para manejar sus finanzas personales. El dinero es sumamente importante en cada aspecto de nuestra vida. Es un medio para lograr un fin y es un instrumento para realizar todas las labores que hacemos diariamente, nos permite realizar las cosas de una manera más eficiente y más rápida, nos hace llegar en días donde sin dinero nos tardaríamos años luz. Es la base de movimiento de todo lo que nos rodea. Así como la tierra gira sobre su propio eje, el dinero hace girar casi todas las actividades realizadas en el planeta, a excepción de la naturaleza que trabaja de manera autónoma e independiente de todo.

APRENDE SOBRE EL DINERO

El dinero es y seguirá siendo el medio más necesario para proveer y auto proveerse de todo cuanto existe, excepto de los valores, las actitudes y todo lo divino, dígase fe, amor y respeto a Dios.

En principios no existía el dinero, solo había la necesidad de crear algo que lo pudiera comprar todo, y así fue. Se hizo el dinero y con él los ricos, los capitales y las grandes potencias mundiales. Los hombres con dinero empezaron a hacer lo que querían (muchos cayendo en la dictadura y el fascismo descontrolado), sirvió de guía para los reyes, emperadores y gobernantes, para conquistar, dominar y someter a los que no tenía y que de alguna forma se oponían a los grandes capitales.

El dinero sirvió a muchos planes malévolos, fue y es aun causante de muchas guerras e innumerables muertes alrededor del mundo.

No todo fue color de la noche, también fue utilizado por personas con mentes más brillantes que aquellos que solo lo utilizaron para el mal, personas como Tomas Edison, Henry Ford, Nicolás Tesla, entre otros tantos que pasaron por este mundo y lo cambiaron para siempre y de una forma u otra lo conoce casi la población mundial.

El dinero es una fuerza irresistible capaz de transformar las más profundas emociones. El dinero mueve el mundo. El dinero revela la verdadera personalidad de las personas que lo poseen. Nadie con dinero oculta sus emociones, las hace aflorar sean estas negativas o positivas, el dinero da poder, autonomía y facilita la toma de decisiones.

En muchas ocasiones la mente humana puede tomar decisiones irracionales cuando se trata del dinero, aunque otras por el contrario tratándose de dinero todo son sumamente racionalizado.

No todo está escrito sobre el dinero, cada día surgen grandes interrogantes sobre el mismo y es difícil de saber qué otros medios de intercambio pueden surgir en las próximas décadas, o en el siguiente siglo. Mientras tanto vamos a aprender un poco de todo lo que hemos visto del dinero pero con un lenguaje más llano y más entretenido.

APRENDE SOBRE EL DINERO

Las personas pasan más tiempo pensando en el dinero que en cualquier otra cosa en el mundo, unos en cómo conseguirlo, como ganar más, como ser ricos, otros en cómo invertirlo, como aumentar el patrimonio y qué hacer para que no se acabe. El dinero es sinónimo de preocupación en todos los aspectos, ya sea por escases su mayor tendencia o sea por exceso, los ricos también se preocupan por el dinero aunque no con las mismas emociones que los pobres, los ricos duermen menos pensando en el dinero que una gente promedio, pues sus grandes inversiones y las decisiones de riesgo en torno a su dinero hace que no estén tranquilos pensando en si puede haber una cataclismo a nivel mundial que debilite sus inversiones y queden en la banca rota, por eso quien conoce del dinero, diversifica las inversiones en distintas ……categorías de inversión, es decir nunca ponen todos sus huevos en una sola canasta.

Es importante para ellos el estar informado en cuanto a los negocios y el dinero, no duermen o se despiertan sin saber que ha pasado en las horas que estuvieron ausentes de las noticias mundiales. El dinero en muchas ocasiones es causa primordial del estrés, aunque él no poseerlo causa más estrés que el exceso de éste. Está demostrado que los millonarios cuidan tanto de su dinero tal cual un pobre cuida los únicos dos dólares que posee, en ese caso cada uno tiene un valor emocional no precisamente proporcionalmente al valor del dinero en sí. Si no, que en muchos casos las emociones juegan un papel importante en nuestras vidas, tratándose de dinero o no. Las cosas no tienen valor en sí, es el valor que le damos cada uno de nosotros los que los hace tener algún valor en el mercado.

Una de las reglas principales del dinero es que primero debes cuidar los pequeños centavos y pequeños dólares pues si no cuidas cuando tienes poco no lo harás con los muchos, no porque no sepas cuidarlo cuando sean muchos sino más bien porque no llegaran a ser muchos, pues los descuidaste cuando aún eran retoños. Por ello a la mayoría de personas adineradas del mundo les reconocen como pocos consumidores, y muy ahorradores, no malgastan aun teniendo millones y millones, es su ley universal, no malgastar para que este nunca se acabe. Mientras que el no posee nada y tampoco sabe nada de dinero, piensa que cuando tenga gastara en lo que tenga que gastar sin mediar situaciones, por eso precisamente no tienen dinero esas personas. El dinero es como un imán, pones un poquito y éste hala más, aumenta un poco más y éstos atraen más y más hasta convertirse en lo soñado por todos...millones. Pero si no dejas que se desarrollen completamente nunca verás lo grandes que pueden llegar a ser. Si te desesperas, pierdes, si no piensas con claridad, pierdes, si no insistes en seguir ahorrando e invirtiendo, pierdes.

¿Sabes por qué hay personas tan ricas?

El conocimiento es poder. El conocimiento sobre la administración del dinero es lo que te hace rico. Conocemos personas que ganando poco tienen buenos ahorros y otros que ganan un gran sueldo mensualmente pero sus cuentas están en cero o muy poco dinero. Esto es algo esencial para crear las bases de las riquezas y la comodidad de una buena calidad de vida. Cuando recibas un aumento en tu sueldo, comiences a recibir ingresos por otras actividades, no aumente en la misma proporción tus gastos, hay algo que vuelve al pobre más pobre, es gastar todo lo que posee y mucho más, mientras que las personas de mentes ricas saben que el dinero trae dinero y si lo inviertes ese mismo dinero genera más dinero y así sucesivamente hasta alcanzar un nivel en el cual ya no tendrás que preocuparte por trabajar más y más para poder pagar tus cuentas, mientras más aprendes sobre cómo administrar tu dinero menos tendrás que trabajar, al contrario de aquel que no se educa en el tema de la educación financiera, cada estará más pobre, pues la inflación siempre va estar por encima de los ingresos que él pueda producir. Es por eso que sabemos que quien más duro trabaja no es quien más dinero lograr ganar, si no, al contrario, quien más inteligente trabaja es quien al final logra alzarse con las riquezas y abundancias que existen y que todos podemos alcanzar.

No puedes seguir trabajando lo mismo que siempre has hecho si te das cuenta que al pasar de los años no has progresado si quiera un 10%. Algo estás haciendo mal o hay algo que desconoces. En el momento que reconoces que andas mal ya tu cerebro comienza a pensar diferente y a tratar de generar pensamientos distintos en pos de hallar una solución a tu problema de dinero. Si te enfocas en buscar las soluciones de tus problemas económicos y financieros el universo volcará sus energías hacia ti para que tengas la habilidad de convertir todo oportunidades de crecimiento personal y financiero. Has escuchado la frase..."Todo aquello en lo que te enfocas se expande", es muy cierta, puedes confirmar con un ejemplo sencillo, basta con que alguien te diga que quisiera comprar tal marca de auto, desde ese momento iniciara una búsqueda en tu mente de que necesitas encontrar un auto como ese y veras que en las calle encontraras decenas de ese mismo auto y que antes tú los pasabas desapercibidos. Luego de que se encendiera esa luz en tus ojos de que debes encontrar un auto con tales características, te darás cuenta que las calles están llenas de dicho auto. Así mismo es cuando programamos nuestro cerebro para hallar oportunidades de crecimiento personal, si en realidad está decidido a encontrarla, estas aparecerán por doquier. Te has dado cuenta en alguna reunión con personas ricas, o muy emprendedoras que casi todas tienen anécdotas que contar con respecto a las oportunidades que hallaron en algún momento de sus vidas. En ese momento pensaras y porque a mí no se me presenta esa oportunidad. No se te presenta porque no la andabas buscando y porque tampoco estabas preparado para ella. ¿Sabías que con un solo grano de habichuelas puedes sembrar un campo completo? Luego de la primera cosecha podrás replantar más y más plantas hasta convertirlas en una sembradía completo de habichuelas. Así mismo funciona el dinero, si pones 1 dólar a trabajar y este cada día te genera interés, al cabo de unos años ya no será un dólar, si no muchos dólares que a su vez generaran más dólares por sí mismos, es cuando te das cuenta que eso es lo que debes hacer, sembrar y sembrar hasta que todo funcione en automático y ya no tengas que levantarte a las 6:00 am a trabajar por dinero.

El dinero estará trabajando para ti, inicia un plan de educarte financieramente y veras el cambio en tu vida en semanas.

APRENDE SOBRE EL DINERO

Todos sabemos la magnitud e importancia del dinero en nuestras vidas, aunque usted diga que no es importante es un instrumento de intercambio que no podemos vivir sin él en ningún lugar del mundo y en ningún estrato social.

El primer paso para Ahorrar es trabajar. Es fundamental el ahorro en la vida de cada persona y más para aquellas que desean llegar a ser ricas. Si realmente queremos ahorrar dinero, hay ciertos hábitos que debemos implementar antes de que podamos llevar el ahorro a cabo. La organización es lo esencial ante todo puesto que ahí es cuando sabemos cómo andamos de dinero. He conocido personas que quieren algunos consejos sobre finanzas personales, dichas personas ganan buenos sueldos, e incluso tienen casa propia (No pagan alquiler y tampoco hipotecas), es decir que tienen un buen camino para abrirse paso a las riquezas con el ahorro y la inversión, en vez de ser esa la situación me han dicen que no saben en que gastan su dinero y que necesitan un plan de escape para poder ahorrar.

Uno de los señores me informó que su mayor problema de ahorro es que aunque deposite el dinero en una cuenta no se controla y vuelve y lo saca antes de finalizar el mes, ya sea para comprar algún accesorio al vehículo irse de vacaciones un fin de semana o simplemente para salir con los amigos a la discoteca. Cierto es que por más que ingrese en el mes nunca logra ver algún ahorro protegido para futuras....

A dicho cliente le diseñé un plan que consistía en varios pasos en el primer mes para poder ahorrar y que dicho dinero no pudiera tocarlo a menos que no fuese una emergencia.

Le dije, debes hacerme un plan en donde me detalles todos tus ingresos y todos tus gastos fijos. Luego quiero que me digas cuáles son tus mayores gastos fluctuantes en los que incurres mes tras mes, también dime que auto tienes, de cuantos cc es el motor y con qué frecuencia lo usas, si viajas mucho en carretera, dame detalles de más o menos cuanto gastas en supermercados y almuerzos fuera de casa en un mes ordinario. ¿El señor me dijo pero eso no es mucha información? Le dije. ¿Quieres los consejos y el plan de ayuda sí o no?

Claro que sí señor. Ok. Tú dame todo lo que te he solicitado y luego te entrego el plan a seguir.

Debemos hacer una lista de todo lo que gastamos mensualmente, clarificarlos en: Imprescindibles, prioritarios, eventuales y otros gastos Claramente no podrás hacer nada con los imprescindibles, pues estos como su nombre lo indica no puedes vivir sin ellos, tales como alquiler de casa, alimentos, pasajes y combustibles, pero con los prioritarios puedes extenderles el tiempo de pago con los que no son tan urgentes. Para los eventuales u ocasionales de carácter divertido, tales como, almuerzo con los amigos, idas al cine, comer en la calle diariamente, comprar prendas de vestir no tan necesarias, etc., estos gastos también llamados gastos hormigas, por sus ciclos tan repetitivos y que a veces los vemos que son insignificante pero no es así, estos gastos son lo que realmente nos llevan a situaciones bastante difíciles, pues no le ponemos control y al final de mes siempre estamos cortos con nuestros presupuestos, sin saber dónde ha quedado el dinero que hemos ganado.

Es importante que realicemos registros de todo lo que gastamos y también de lo que ingresamos, al final hay que tener claro lo que podemos gastar en cosas no tan necesarias y lo que NO podemos gastar. Hay que tomar en cuenta que si decidimos ahorrar cierta cantidad de dinero hay que empezar por recortar gastos o en su defecto aumentar los ingresos, pero como éste último muchas veces no es controlable desde el punto de vista de las personas ordinarias es mejor decidirnos por la reducción de gastos que no son tan necesarios y los cuales siempre hacemos uso de ellos hasta inconscientemente.

Las personas ricas en un momento de sus vidas tomaron estas medidas mucho antes de que sus bolsillos se vieran afectados por el acumulo de deudas, cosas que los que no saben administrar el dinero no hacen y cuando lo desean hacer ya están en una situación bastante difícil. El hecho de que tengas disponibilidad en tus tarjeta de crédito no significa que debes usarlo, es un error garrafal utilizar todas las tarjetas para pagarte todos tus gastos y no llevar un buen registro de lo que puedes consumir en el mes y que puedas pagar a tiempo, pues luego los intereses y moras por atrasos volverán tu vida un infierno.

Un de las cosas que recomiendo es que utilicemos máximo dos tarjetas y nunca caer en recargos e intereses, si las utilizamos las dos debemos separar los gastos de cada una. Ejemplo, utilice una para combustibles y supermercado únicamente y otra para pagos de servicios como teléfono, cable, Internet, energía eléctrica, agua etc., así siempre podrás pagar todo a fin de mes pues tus gastos siempre deben estar por debajo de tus ingresos, aunque eso no suene tan fácil de hacer es necesario que así sea. Cree hábitos que lo lleven a gastar menos de lo que ingresa, o ponga su mente a trabajar y aumente sus ingresos para que no tenga que bajar su calidad de vida, que muchas veces es lo que más atormenta a las personas que no saben nada de dinero, les resulta incómodo deshacerse de un auto costoso para comprar uno más económico y que consuma menos, todo eso por pensar en lo que dirán los demás. Los ricos nunca han vivido de las apariencias, al contrario, conocemos ricos que nadie piensa que tiene ni un tercio de lo que realmente tienen. Otros crees que son ricos millonarios y únicamente tienen un buen empleo, buena casa y auto lujoso, nada de un futuro asegurado.

Recuerda que debes vivir para ti y no para los demás, las personas siempre hablaran mal o bien, tú decides si ellos vivirán tu vida o la vives tú a tú manera.

Hasta el próximo consejo de Aprender sobre el dinero.

COMO AHORRAR SISTEMATICAMENTE Y SALIR DE DEUDAS

Como puedo ahorrar, no tengo ese hábito, que puedo hacer.

La parte fundamental en la vida financiera de una persona es como invierte su tiempo y su dinero. Si eres de los que pagas las cuentas y luego al final si queda algo lo ahorra, nunca tendrás dinero para invertir. Lo cierto de todo esto es que para esto fuimos educados, para emplearnos y pagar nuestras deudas, nunca nos dijeron algo como...empléate por un tiempo, utiliza ese dinero para ahorrarle e invertirlo en algo que te proporcione el mismo dinero que te genera el empleo, luego como vas a tener tiempo empleas todo tu tiempo en buscar otras formas de hacer dinero. Pero antes. para cultivar el hábito del ahorro primero debes pensar que es lo más importante para lo que trabajas, a veces no vemos el ahorro con tanta incidencia para nuestras vida, claro está, que eso solo lo piensan quienes no poseen dicho habito. Debes programar tu cerebro para que piense en cuantos tienes ahorrado y cuanto más necesitas ahorrar para comprar ejemplo la casa de tus sueños, nunca pienses únicamente en lo que ganas si al final del mes nunca te queda nada para destinarlo a algo más que no sea pagar cuentas y divertirte, basta con saber que quien no tiene educación financiera siempre pagará sus facturas si es que el dinero le alcanza y al final no le quedará nada para ahorrar y así seguirá por los siglos de los siglos. Lo correcto es proponerte ahorrar una cuota fija mensual o quincenalmente y sacarla de tu sueldo antes de pagar las cuentas, eso te dará la oportunidad de que tu cerebro se conecte con la búsqueda de más ingresos y aumentar tus cuotas de ahorros y así llegar más rápido a tu libertad financiera.

Debes enfocarte en que gastas tu dinero mensualmente para poder hacer un análisis de lo que puedes reducir o eliminar. Muchas veces ni cuenta nos damos de esos gastos superfluos y que no tienen razón de ser, únicamente aparecen al final del mes y ni tú mismo te explicas como gastaste tal dinero. De eso es de lo que estoy hablando, vamos a minimizar al máximo por lo menos por un tiempo todos esos gastos que no son necesarios, pero que vuelven tu vida en un caos total, pues esto es por la poca planificación que tienes en cuanto a tu dinero se refiere.

Consejos para ahorrar:

1- Ahorra como primer paso cuando recibes tus ingresos mensuales, quincenales o semanales.
2- Céntrate en algo que se de gran valor y proponte una meta acumular dicho dinero en un tiempo específico.
3- Si ves que con lo que estas ahorrando no podrás completar tu objetivo, diversifica tus ideas, emprende algo en tu tiempo libre.
4- Recuerda que el dinero gastado es un dinero que hace rico a otros, porque no puedes cambiar de papel para ser tú quien te hagas rico, para eso debes ofrecer algún bien o servicio.
5- Destina tu dinero de ahorros en planes diferentes, como emergencias, jubilación, vacaciones, etc.

Concéntrate en algo que quieres y que no puedes comprar ahora mismo por la falta de dinero. La mejor opción sería ahorrar dinero para comprarlo luego, calcula el tiempo exacto que quieres tener ese dinero y haz un plan concreto y conciso de los montos y las fechas que dispondrás guardar dicho dinero. Luego que ya tienes ese plan debes pasar a buscar el dinero, no solo es que te quedes en ahorrar de tu sueldo actual, piensa en cómo puedes llegar a esa meta mucho antes de lo que tienes planeado, una excelente idea sería buscar un trabajo extra, o como dicen por ahí, una picada. Es una de las mejores formas de ahorro. Conozco a alguien que tiene un empleo normal pero se busca la vida como pintor, él dice que el sueldo de su empleo está comprometido con los gastos mensuales y no hay nada que hacer, entonces todo lo que ingresa con la actividad de pintar es lo que el destina al ahorro. Es una buena manera de ahorrar ya que el dispuso que todo lo que ingrese por la actividad x será destinada al ahorro. Puedes hacer esto siempre y cuando dicha actividad sea realizada de manera consistente.

Para los que no tienen otras picadas, es recomendable iniciar con lo que tengan o puedan, no importa cuando sea, lo que sí importa es lo consistente que seas en lograr tus metas. En una cuenta bancaria deposita siempre aunque sea el 1% de todo lo que ganas, lo recomendable es ahorrar el 10% pero como estamos practicando los hábitos del ahorro, vamos a iniciar lentamente para luego agilizar el paso. Si no tienes cuentas o no quieres iniciar en el banco porque es muy poco dinero compra un cochinito (alcancía) y diariamente cuando llegues a casa deposita todo el menudo que traes, luego cuando te paguen tu sueldo deposita una cuota fija, (puedes incrementarlo dependiendo de cómo cierres tu mes), es importante que lo hagas días tras día, mes por mes, sin falta alguna, hazte de cuenta que es una pensión para tus padres o tus hijos y no puedes hacer usos de ellos por ninguna razón. El ahorro no es para gastos ordinarios, por eso se llama ahorro porque es algo que debes tener e invertir para que algún día no tengas que trabajar más.

Si te es difícil hacerlo de la forma antes indicada habla con tu empleador o con tu banco donde te depositan el dinero y haz que esa cuota de ahorro te sea debitada de tu cuenta y acreditada en una que no puedas tocar, es una forma muy práctica para ahorrar. En mis inicios yo la utilicé, luego que tomé el control de mis finanzas ya sabía todo lo que debía hacer y lo que NO debía hacer para poder liberarme de las cadenas llamadas deudas malas, falta de dinero y falta de planificación.

Como salir de las Deudas que nos agobian:

Si existe algo a lo que no podemos escapar son las deudas, sea buenas o malas siempre en algún momento nos tocará liderar con esa dolorosa situación. La diferencia está en los que salen a flote en el menor tiempo posible y los que se quedan en el fondo esperando un milagro, como por ejemplo que el banco al que le deben se le borren los archivos de tus deudas, y eso no pasará.

Lo que debemos hacer es tomar el toro por los cuerno como dice el viejo dicho, las deudas no se pagan por el tamaño de la misma, sino por la tasas de interés que te estén cobrando, vamos a ver unos ejemplos.

Si tienes dos deudas, una de un apartamento por el cual debes U$120,000.00, a una tasa fija por 12 años del 9%. Por otro lado debes U$30,000.00, de la compra de un automóvil, a una tasa fija por cinco años de 17.5%, dichas deudas fueron en la misma fecha y cada una a estas pagando a tiempo, luego de transcurrido un año, logras acaparar un dinero extra de algún trabajo o bonificación; tienes la duda de si con ese dinero remodelas tu apartamento y así toma más valor, abonas al préstamo del apartamento o disminuyes el préstamo de tu vehículo. Todas tus decisiones están basadas en emociones, no en razonamientos lógicos. Ahora bien, la idea de remodelar tu apartamento es buena, o disminuir el capital del préstamo del mismo, pero los intereses más altos los estas pagando en el préstamo de tu vehículo, por lo que la mejor decisión es salir de ese dinero cuanto antes, pagarlo lo más pronto posible, puesto que mientras más permanezca con la deuda, esta te cobrará más y más intereses. La cuestión es que las deudas con los intereses más algos son las que se deben pagar primero. Eso te generará un flujo de efectivo mayor y puedes usarlo para ahorrarlo e invertirlo por ejemplo en otro apartamento.

Las deudas no se pagan solas, entonces si estamos atascados en deudas malas, la solucion no es tan solo pagar las que generen mas interes mensual, es aprender a generar mas dinero y asi poder pagar mas deudas y en menos tiempo. Si tomas un empleo extra, deberás seguir viviendo con la misma calidad de vida que vivias con el empleo uno, puesto que para poder salir de una situacion molesta hay que hacer sacrificios, estos no seran para siempre, es decir, aunque vivas un tiempo incomodo esta situacion si haces algo al respecto, en algun momento todo cambiara para bien. Tal como la historia de Donald Trump, el cual en un momento de su vida estuvo endeudado por mas de 750millones de dolares, otros hasta se hubieran quitado la vida a ver la magnitud de tales problemas financieros, pero Él se concentró en buscar soluciones y no se amedrentó como hacen las personas de mentes pobres, las cuales en vez de sacar tiempo para aprender a salir de problemas, gastan ese tiempo en lamentarse de tales problemas. Acaso alguien ha salido de problemas lamentando haberse metido en ellos?. Verdad que no. Si te metiste en ellos tu solo, tu solo puedes salir, a veces no solo se puede salir por eso hay que saber relacionarse, tener personas al lado que puedan hacer la diferencia cuando estas en el hoyo. Si solo tienes amigos que estan peores que tu, que crees que pasara con tu futuro.

Invertir tu dinero:

¿Qué hacer con el dinero que tengo ahorrado?

Es muy arriesgado invertir, no quiero perder mi dinero, es el pensamiento de la persona de mente pobre, piensan que si pierden jamás recuperarían lo invertido, muchas veces es cierto, no se los niego, pero por miedo a perder no puedes quedarte sin ganar. Las grandes fortunas se han hecho más grandes por razones de inversiones. ¿Acaso ellos también no tenían miedo de invertir? Claro que Sí, pero aun con miedo lo hicieron y aunque hayan perdido dos, tres, cuatro o 10 veces, al final la experiencia se impone entonces es cuando empiezas a crecer y solo vas ganando en cada paso que das en la vida.

A veces nosotros mismos somos los que nos encerramos en una burbuja de miedo y todo lo que se nos presenta les ponemos un pero....el cual lo único que nos condena es a seguir siendo pobres por el resto de nuestras vidas. Acaso es eso lo que queremos? Yo en particular siempre odié la pobreza, pues es un estado mental de las personas que crecen en círculos viciosos que lo único grande que puedes alcanzar es tener un título universitario, el cual por sí solo no te lleva más allá de un empleo mal pagado por los próximos 40 años.

El miedo que nos inculcaron nuestros padres desde pequeños, el miedo a que no puedo comprar esto porque y si no lo vendo?, no puedo invertir en esto porque el vecino fracasó. No puedo arriesgar la cosecha porque luego no tenemos para comer...entonces siendo criados en un entorno como ese, jamás nos pasó por la mente que las personas millonarias actuales y de antes, también fueron pobres. Pero no pobres de mentes, si no que hubo una época de sus vidas que no tenían lo suficiente para complacer todas las necesidades que tenían, pero se hicieron millonarios porque tuvieron el coraje de hacer algo HOY para cosechar los frutos mañana, que en la mayoría de ocasiones es la parte que le falta a la mayoría de personas, hacer algo hoy por el mañana. Muchos creen que hacerse millonario es de la noche a la mañana alguien amaneció millonario, y claro, hay personas que si lo han logrado así, pero fue por un golpe de suerte que le toco la lotería o heredaron una fortuna de un familiar que solo te tenía a ti. Cuantas personas en el mundo crees que se han hecho ricas por medio a estas dos versiones que les he dicho? Creo que sería más o menos un numero así, 0.000000000000000000000000000001, del total de la población, en cambio los millonarios hechos así mismos representan el 5% de la población mundial pues cada uno de ellos ha desarrollado un cerebro tan brillante que dan a luz muchas ideas que cada una genera más y más dinero. Porque será que los ricos hacen más dinero cada día? Es fácil saberlo. Una vez que ellos se dan cuenta cómo funciona el mundo, y ven las necesidades de la población, crean un servicio, una idea, un bien para cada habitante de la tierra, y son casi ocho mil millones de personas, imagínate tú vendiéndole algún servicio o algún bien al 1% del 10% de la población mundial. Eso sería más o menos como 8 millones de clientes, sea cual fuere lo que ofreces si es algo que gusta y si puedes a vendérselo a 8 millones de personas te harás millonario, tan seguro como que las nubes son blancas (aquí no cabe decir el dicho de tan seguro como que el cielo es azul, el cielo no es azul, nuestros ojos lo ven azul porque es el reflejo de la claridad lo que la vista no alcanza a ver el cerebro lo tramita con azul genérico), digamos que una vez hayas descubierto aquello que quieres hacer para lograr ser rico, debes actuar tal como lo hacen los felinos cuando están al acecho de una presa, no apartan la mirada de ella, pues sabe que con únicamente un parpadeo la presa puede girar en otro sentido y este perderá el factor sorpresa que es su mayor ventaja. Así es como debes estar al acecho de las oportunidades, pues estas aparecen debajo de la maleza o disfrazadas con un traje casi invisible, y si no estás ciento por ciento concentrado, no la veras venir.

Cuando yo tenía más o menos 12 o 13 años, una amiga de mi hermana visitaba mucho nuestra casa, aunque yo hablaba con ella, pero solo eran lo normal entre personas conocidas, saludos, que tal, etc., lo que si ella hacia era buscar cada momento posible lejos de todos para estar cerca de mí, pero como yo era bastante pariguayo o palomo como dicen por ahí, jamás me di cuenta de que ella estaba enamorada de mí,(antes de que se lo vayan a imaginar, ella era bastante hermosa, de tez blanca con ojos verdes y cabello rubio) No fue hasta muchos años después que me di cuenta que esa chica, estaba enamorada de mí y daba cualquier cosa por un beso mío, mientras yo aún estaba en jugar con los amigos, ella se hacía notar y yo como ciego y sordo, al final que pasa cuando la oportunidad toca tu puerta y tú por estar durmiendo no te das cuenta... que esta se va para donde otro que este despierto y dispuesto a dedicar tiempo a cultivar esa oportunidad. Tal cual me pasó a mí con esa hermosa chica, así le pasa a usted cuando no está en busca de las oportunidades que tiene la vida, no las ve venir, puesto que sus ojos estan en algo mas. El cerebro humano actua de forma que si te enfocas en algo, eso en que te enfocas se expande.

Para poder invertir es necesario primero cultivar el hábito del ahorro, ahora vamos a comprender qué hacer con el dinero ahorrado. Recuerden que quien únicamente ahorra, al final de todo, lo único que hizo fue perder dinero, es decir, el ahorro siempre debe ir acompañado de alguna inversión para que el dinero no se nos esfume, se habrán podido dar cuenta que el dinero en una cuenta de ahorro en el banco no nos proporciona ninguna ganancia sustentable, lo que te pagan de interés es lo mismo casi que te quitan por manejo de cuentas y esas boberías. Si lo guardas en una cuenta de banco o lo pones debajo del colchón este nunca crecerá, al contrario, la inflación se lo comerá y cuando creas que tienes dinero ya no será dinero, sino más bien centavos.

Las inversiones pueden ser de muchos tipos, cuando nos hablan de inversiones creemos que siempre nos hablan de la bolsa de valores en donde podemos comprar y vender acciones de mega empresas como las que cotizan en la Bolsa de Estados Unidos o Europa. No, no me refiero a esas inversiones todavía, pues estamos iniciando con un pequeño ahorro y aun no estamos al nivel de invertir en Wall Street.

Antes de decirte lo que debes hacer con tu dinero debes preparar tu crédito con las entidades financieras de tu pueblo. Recuerda que no te harás rico utilizando solo tu dinero, te llevaría 300 años llegar al nivel de millonario. Primero debes poner tus pequeños ahorros en certificados financieros con sus intereses capitalizables mensualmente. Luego empiezas la búsqueda de que es lo que deseas comprar como inversión. Una buena idea es buscar gente que trabaje con inversiones inmobiliarias, o sea, son los que saben dónde hay oportunidades en ese campo, tú solo le explicas más o menos el monto de la propiedad que quieres comprar, ellos te llamaran e iras a verlas, (Ojo. Nunca compres la primera que te enseñen), siempre habrán mejores tratos y mejores ofertas. Recuerda solo estas aprendiendo como invertir el dinero ahorrado. Te decía anterior que debes mantener score crediticio bueno o muy bueno para que puedas invertir en grande, porque ningún banco pondrá una suma de dinero grande en tus manos si no has hecho saber a todos que si sabes administrar el dinero y pagar todo a tiempo y preciso.

Es importante que reconozcas cuando un proyecto para invertir no es muy riesgoso, es decir, hay tipos de empresas en las que puedes invertir tu dinero y sabes que aunque la rentabilidad no sea mucho pero es constante y nunca vas a perder tu dinero. Ejemplo empresas de ventas de productos masivos como alimentos, medicamentos, materiales gastables de oficinas, mantenimientos de maquinarias empresariales, etc. Recuerda que hay bienes y servicios que podemos ofrecer o asociarnos a alguien que ya los ofrezca y tú aportes nuevos clientes al negocio, le inyectes capital o le ofrezcas un servicio de asesoría y tu pago sea hecho mediante acciones de la misma. Lo cual es una muy buena idea a la hora de tu hacer crecer tu dinero, tu intelecto y tu bienestar social y económico.

Invertir en tu propio negocio es la mejor opción cuando de inversiones se trata, pero también invertir en otros negocios rentables adquieres la habilidad de conocer ese tipo de negocio, creas lazos de amistad con personas que quizás poseen más conocimientos que tú, aprendes oficios diferentes y te nutres de un sin número de aprendizajes que te ayudaran a la hora de dedicarte a algo propio.

Como hacen algunos empleados, se emplean un tiempo, aprenden el oficio y adquieren clientes, amigos y conocidos y se relanzan con su propio proyecto. Recuerda que ser empleado no es malo, lo malo es emplearte durante toda tu vida útil sin pensar nunca en tener algo tuyo y que puedas administrar.

"Es más riesgoso no invertir que invertir", lee detenidamente la frase, para que no se te olvide. Lo más importante a la hora de invertir es conocer en lo que estas invirtiendo y así poder minimizar los riesgos, aunque estos nunca los vas a eliminar al 100% pero la confianza en tus conocimientos te harán ir más seguros a la hora de conseguir buenos tratos y buenos negocios.

Como te decía anteriormente si le temes a perder no podrás ganar, puesto que para ganar hay que estar dispuesto a perder es imprescindible y naturalmente necesario que pierdas antes de poder ganar. Todos los tipos de negocios inician con algún tipo de déficit hasta llegar al punto de equilibrio y luego encausarse por el camino de las utilidades y por ende la abundancia y el éxito.

No te puedes quedar con dudas de lo que deseas, debes capacitarte en todos los aspectos del campo que deseas experimentar, mientras más conoces menos te pueden estafar o engañar. Los grandes inversionistas tales como Warren Buffet y Donald Tremp, iniciaron invirtiendo y diversificando sus capitales a fin de que sin perdían en alguna de sus inversiones podrían recuperarse con las demás, y/o no quedarse totalmente descapitalizados.

Salir de Deudas malas:

Las deudas buenas te hacen rico, las malas te empobrecen.

Las cadenas que nos atan a la pobreza se llaman deudas malas, deudas de compras innecesarias que hacemos o hicimos en el pasado por no saber nada sobre el dinero ni de Finanzas Personales. Deudas que están ahí pero lo que compramos ya no está. Acaso tiene sentido ese tipo de transacciones para nuestra vida financiera?, verdad que no. De HOY en adelante vamos a trabajar para algo que valga la pena y si es a endeudarnos que vamos, que sea por algo cuantioso y además palpable y que su valor suba con el pasar del tiempo, ejemplo, una casa (en mi país las propiedades inmobiliarias no bajan de precio, no es así en todos los países), también puede ser un auto clásico, artículos de arte, etc.

Las deudas son como cadenas de metal pegadas a tu cuello cuando quieres nadar, estas te halan hacia el fondo y no te dejan respirar ni llegar a tus metas. Debo aclarar que todos tenemos deudas, aunque no es lo mismo decir, le debo 100,000.00 al banco y no sé en qué lo he gastado, a decir le debo 100,000.00 al banco y la casa que compré ya cuesta 225,000.00. Son dos historias muy diferentes, una historia que hace rico a uno y al otro lo hace cada vez más pobre. Cuál de los dos prefieres ser.

No puedes avanzar hacia tu libertad financiera si te pasas la mayor parte de vida pagando intereses y cuotas tras cuotas de compras que no son importantes o que no son necesarias para tu diario vivir. No puedes formar parte de los ricos si tus deudas no son para crecer financieramente.

Imagínate alguien con una excelente capacidad mental de multiplicar el dinero, toma un préstamo al banco, con dicho capital compra equipos de tecnología y los revende en internet, al cabo de 6 meses ese préstamo que tomó lo duplicó y en retrospectiva toma otro préstamo más grande y continua creciendo y creciendo hasta llegar al nivel de empresario y codearse de gentes ricas y emprendedoras. En cambio otra persona con más capacidad de aparentar ser rico que la capacidad para hacer crecer el dinero que por sus manos transita, toma un préstamo y se compra un auto lujoso, también calzados de marca con unos trajes de marca; a los ojos de las personas que le conocen pensaran que ese señor es una persona Rica e inteligente. Cuando en realidad esa persona lo único que posee son deudas malas, sus ingresos comprometidos por los próximos 4 o 5 años, aunque tenga el lujoso vehículo, éste pierde valor por cada día que pasa. En cambio ese mismo dinero invertido en algo que genere flujo de efectivo, estaría sumándole a su bolsillo por cada día que pasa. Por decisiones como esta es que los ricos son más ricos y los pobres son más pobres cada día.

Es normal que en algún momento de nuestras vidas hayamos caído en estas ataduras financieras y/o comerciales, pues a veces nos meten por los ojos las ofertas de 6 meses sin intereses y cuando estas acabado de cobrar y piensas en ese equipo de sonido que quieres, en esa nueva Smart Tv que deseas ver en la sala de tu casa, o en ese juego de rines para tu coche, son cosas que en realidad las queremos pero no las necesitamos y debemos aprender a separar gustos de necesidades. Digamos que compras el artículo a pagar en 12 meses, en cuotas de 45 dólares mensuales. Ya tienes tu artículo que querías, te diste el lujo, ahora vamos a lo que nos confiere el tema, la deuda mala.

Antes de tomar el artículo que compraste cerrabas el mes en positivo?, a fin de mes siempre te quedaba dinero luego de pagar las cuentas?, Estabas ahorrando fielmente una cuota por cada ingreso que recibías?

Quizás lo que ganas no te da para pagar lo que necesitas en realidad, lo esencial como techo, vestimenta, alimentos, medicamentos y combustibles o transporte. Ahora también tienes que pagar 45 dólares más que antes no tenías que buscar, ahora como el dinero no te alcanza, dejaras de pagar alguna otra deuda la cual por no pagar generara intereses que aumentan más la deuda, este ciclo se repite una y otra vez hasta que mueras o hasta que te eduques financieramente, tú decides. Esto es solo un ejemplo, pues las personas son pobres por hacer muchas veces cosas como estas, cuando terminan de pagar algo no pueden estar sin deudas y compran algún otro artículo que quizás quieran pero que no necesitan. No tienen ni un céntimo en sus cuentas y lo peor de todo es que si venden lo que compraron no le dan ni la mitad de lo que costaba. Todo esto se llama deudas malas, vivir pagando cosas que no necesitamos, para darle gusto y hacerles saber que podemos comprarlos a muchos que ni les importamos.

Cambiemos de mentalidad y vida y no seamos más la cara de la apariencia hecha persona, a nadie le importa si estás bien o estas mal, solo a ti y a los tuyos cercanos, entonces porque comprar cosas para aparentar ser ricos, mejor vivamos como pobres normales para luego poder llegar a ser rico. Rico no es quien más gasta, ni quien más exhibe, rico es quien más tiempo puede durar sin la necesidad de un sueldo.

Las deudas malas hacen que no pienses más que en pagarlas, nunca en cómo puedo salir de ellas y recuperar tu bienestar financiero. Mientras más problemas económicos tienes encima menos tiempo posees para encontrar la solución de ellos, a menos que no te hagas un experto en finanzas personales y administrador de tu propio dinero.

Una trampa en forma de rectángulo muy colorido. Las tarjetas de crédito.

Los bancos les encanta llamarte para decirte que tienes una tarjeta aprobada o un extra límite de la tarjeta o un préstamo, todo esto sin usted pedirlo ni solicitarlo, por eso es que existen tantas personas endeudas y sin salida, pues tomaron préstamos y tarjetas cuando no las necesitaban, no es lo mismo usted tener un proyecto y salir a buscar financiamiento a los bancos a tomar prestamos porque el banco le dijo que podía tomarlo, recuerde que esos intereses serán iguales o peores que cuando solicita un préstamo por que en verdad lo necesita para cubrir algo importante o montar un pequeño negocio.

Si usted tiene un poquito de inteligencia se habrá dado cuenta que los intereses por no pagar a tiempo sus tarjetas de crédito son entre 4 y 5 veces mayores a cuando tomas un préstamo personal o de vehículos, y si tomas un préstamo hipotecario serian 7 u 8 veces. Ya estas entendiendo por qué no debes financiarte en tus tarjetas de crédito?, Por esta y muchas otras razones las tarjetas solo deben usarse para un fin específico, es decir si las tienes no te vayas de boca comprando por emociones en un centro comercial, no compres porque algo está en oferta, haga su compra llevándose de la razón, o sea compre porque en realidad lo necesita o porque sea algo para lograr un aumento de ingresos, una entrevista de trabajo, o para una reunión de negocios, nunca para aparentar. Si compras algo que no necesitas porque está al 50% del precio, no estás ahorrando 50%, estas gastando 50% de lo que cuesta ese artículo.

No vamos a negar que las tarjetas de crédito son una bendición también, porque no decirlo, pero son exclusivamente buenas herramientas cuando la posee alguien con inteligencia financiera o alguien muy solvente que por lógica también es inteligente, pues nadie pobre de mente llega a ser millonario a menos que se gane la lotería y eso es una probabilidad muy remota, aunque sí puede suceder.

Pero en cambio sí tomas las tarjetas por tener crédito disponible en algún momento terminaras usándola y lo que es peor comprando cosas que no puedes pagar antes de su fecha de vencimiento. Entonces vienen los recargos, moras e intereses que se cargan a tu tarjeta y dichos intereses y moras generan más intereses y moras para los meses siguientes, es como si el banco tuviera un certificado financiero contigo y tú le pagas intereses mensuales, todo lo contrario a lo que debería ser.

Es bueno siempre estar a la par con los datos de economía, negocios, inversiones, etc., si queremos salir de la pobreza. Si ves a un mente pobre leyendo el periódico, lo que busca es empleo, ofertas, noticias de criminalidad, medidas del gobierno y chismes de la farándula. Nunca para enterarse si el dólar subió, el petróleo bajo o subió, o si alguna empresa de las que cotizan en bolsa dobló sus acciones en precio.

Mientras usted viva para echarle la culpa al gobierno no solucionará sus problemas, el gobierno no ira a su casa y le preguntará que es que lo que usted necesita? El problema suyo lo creo usted y nadie más, recuerde que no puede echarle la culpa a nadie más que usted mismo, ni a sus padres, ni a sus abuelos, ni a sus empleadores, ni al gobierno. Ellos no son la causa del problema, es usted que no le gusta leer, no le gusta pensar, no le gusta trabajar hasta tarde en usted mismo.

Ricos hechos a sí mismos.

Acaso piensas que los ricos y millonarios fueron millonarios de un día para otro. No, cierto? Ellos son millonarios porque decidieron salirse del camino de lo ordinario e iniciar una carrera extraordinaria. Pasando noches sin dormir, cultivando relaciones interpersonales, leyendo todo lo que respecta al dinero, las inversiones, la administración, las ventas, el marketing, la motivación diaria y la superación personal. No fue viendo novelas de 7 a 10 de la noche 5 días a la semana, no fue saliendo con los amigos todos los fines de semana, no fue por sus carreras universitarias, no fue porque en sus empleos le pagaban mucho dinero. Nada de eso. Son millonarios porque se empeñaron en serlo a cuesta de su sudor y sacrificio y un elemento muy importante, pusieron la mente a trabajar, se lanzaron a hacer aquello en que tenían fe, no se quedaron en los deseos de querer ser rico. Afirmar y desear son cosas muy distintas cuando afirmas que hagas algo ningún obstáculo se interpondrá entre tú y tu objetivo, mientras que el deseo es algo superficial en donde los instintos de lograr algo están a merced de las circunstancias, es decir, si funciona bien y si no es porque no me convenía, eso es un pensamiento de una persona promedio y sin visión.

Cuando usted dedique veinte y tres horas al día para encontrar la solución de sus problemas, nunca saldrá de donde está.

Cada riqueza en este mundo tiene sus infinidades de fracasos detrás, no todo es oro y manzanas rojas, también hay pan duro, noches en vela, camas tiesas, caminatas a pie, ausencia de fiestas y cero apariencias.

El dinero no se construye de la noche a la mañana, antes de conseguirlo usted debe ser pulido como carbón para diamante, las riquezas no se les brindan a quien no tiene cicatrices de haber trabajado y haber dejado en el intento el esfuerzo de mil hombres a la vez, a excepción de los que nacen siendo millonarios, son muy pocos agraciados que tienen esa dicha.

Mi mejor consejo para salir de deudas malas es que no compres nada que no necesites y mucho menos a plazo, si es que lo vas hacer, hazlo en un solo pago luego de haber ahorrado ese dinero.

Si no sabes usar el dinero para hacer más dinero, no permitas que otros hagan dinero por tu ignorancia sobre el dinero.

Como Generar más Ingresos y ser más Productivo.

La gente de mente pobre piensa que exponiéndole los problemas a su jefe, este les aumentara y lo solucionaran. La forma más fácil de conseguir más ingresos es solicitando un aumento, claro si es que lo consigues. La gente de mente pobre cree que si cambia de empleo buscando mejores ingresos su vida mejorará, mejorara un tiempo pero al final caerás en lo mismo nuevamente, pues el problema de los sueldos es que siempre la inflación los alcanza y por más que te aumenten, entre el gobierno con los impuestos y la inflación de los precios siempre estarás nadando contra la corriente, el primer y segundo mes del aumento recibido estarás bien, lo peor es después de que acomodas tus gastos al nuevo ingreso (una forma muy errónea de administrar el dinero). Es como dicen, mientras más ganas más gastas, y porque no podemos ganar más y quedarnos con el mismo nivel de vida de antes aunque sea un tiempo para acumular algunas reservas y hacernos la vida más cómoda de ahí en adelante. Pero no, nunca pensamos en eso, siempre hacemos lo contrario, dinero entro, dinero que sale. Por eso vemos los ricos con recursos ilimitados porque ellos en un principio se sacrificaron para luego llevar una mejor calidad de vida, pero no solo mejor calidad de vida si no también no tener que depender nunca más de un sueldo el fin de mes.

El problema no está en el empleo, el problema está en lo que usted hace luego que sale del empleo, no se educa, no piensa, no invierte, únicamente trabaja, come y duerme, trabaja, come y duerme. Así no se llega a ser rico.

Tener empleo no es malo, lo malo es dejarle todos los problemas financieros, futuros y presentes al empleo. Este no solucionara tus crecientes demandas de más ingresos. Debes pensar en algo más allá de la empresa donde laboras, trabajar un poco en ti cada día, enfocarte en tu vida.

Temo decirles que no hay formas fáciles de lograr ganar más dinero. Lo único fácil es sacarse la lotería y para lograrlo no es un camino fácil, debes estar de mucha suerte.

Buscar más ingresos cuando la persona se lo propone y lo decreta no es tan difícil, lo primero que debe hacer es salir de la zona de confort, es decir dejar de estar cómodo y empezar hacer lo que hacen las personas que tienen dinero (lee bien, HACER LAS COSAS QUE HACEN LAS PERSONAS QUE TIENEN DINERO).

Vamos a enumerar alguna de esas cosas

- **Cultivar RELACIONES positivas.**

Cuando hablamos de cultivar relaciones es que dispongamos de un presupuesto de nuestro sueldo destinado a buscar amigos que te sumen, amigos y conocidos de los que puedas aprender el lenguaje del dinero, de los negocios, de la las inversiones. Los pobres no piensan en gastar en cosas como esas pues su mentalidad no les alcanza para pensar que lo que van a gastar compartiendo con otros lo utilizarían para salir con sus amigos de siempre, ahí es donde radica el problema, convivir siempre en el mismo círculo de amigos, no es que los olvidemos pero sí que ampliemos nuestras amistades y nunca para bajar si no para subir exclusivamente, es decir que si posees 100 amigos pobres por lo menos tengas 3 amigos empresarios y adinerados, ellos te ofrecerán los consejos que necesitas para iniciar tu vida financiera y tu camino al éxito.

Debemos aprender que no todo nuestro tiempo es para usarlo vagamente en diversión, todos nos merecemos diversión y un poco de buena vida, pero también podemos reunirnos con personas importantes y que tienen algo positivo por contar y que nos hace falta a nuestra vida monótona y aburrida.

> **AUTO EDUCARTE constantemente**

La mayor causa de pobreza en todo el mundo es la Ignorancia.

No existe un solo caso en todo el mundo y en todos los tiempos que la auto educación no haya encontrado la solución de los problemas de esa persona que está comprometida con ser libre de todas cadenas, cadenas de las cuales usted debe liberarse hoy en plena era de la información.

Escucha, observa, investiga, lee, conoce, date a conocer entre personas de gran valor. No te quedes en la oscuridad de lo ordinario, explota ese potencial que llevas dentro. Se el arma secreta de tu familia, el que las dirija hacia un futuro brillante porque ellos se lo merecen, y quien más que tu puede hacerlo. Sabes de corazón que no naciste para ser del montón y sin méritos. Si así fuera no estuvieses leyendo este pequeño libro de cómo salir de problemas financieros y encausar tu vida positivamente. Si fueras ordinario no estarías en la búsqueda constante de mejorar como persona día tras días ni te hubieras hecho cargo de tu familia como la persona más idónea de llevarlas al lugar y estilo de vida que merecen.

Aquellas personas que viven su vida de cultivar el intelecto y en una búsqueda constante de hallar las respuestas para el éxito, serán las que lo obtendrán, pues ningún cobarde ha ganado una guerra, el cobarde ya sabe en su interior que no ganara, e incluso es recomendable que ni asista a la guerra, no ganara. El valiente aun desde su propia casa inicia ganando batallas, batallas y guerras que aseguraran su futuro y le dará a sus hijos un legado que no se construye en una sola noche.

Nunca hemos conocido a alguien que sea súper inteligente y a la vez sea muy pobre, quizás algunos de nuestros antiguos parientes eran algunos muy sabios y seguían siendo pobres, pues antes no se buscaba tanto las riquezas como lo es hoy en día, antes eran más importante los valores, el honor, la honestidad, etc. Para esas personas el dinero no era lo más importante, valoraban más el trabajo en sí que el propio pago. Ya no vivimos en ese mundo tan tierno y condescendiente.

Nuestra era nos obliga a crear algo que nos permita vivir no sobrevivir como la gran mayoría, por medio a la tecnología e innovación de muchos inventores tenemos a la mano el poder de hacernos ricos y millonarios con una buena idea, un buen plan y esfuerzo coordinado. Ya no necesitamos un sin números de hectáreas de tierras para cosecharlas y poder llegar a ser ricos, no necesitamos ser comerciante para poder llegar a tener dinero, solo necesitamos una buena idea y por medio a los medios disponibles llegamos al mundo entero y podemos ser conocidos en el último rincón de la tierra donde llegue en tan apreciado internet. Con una simple computadora, internet y un gran deseo de triunfar puedes llegar a ser y tener mucho más de lo que imaginas.

No todo se compone de un sueldo en la vida e incluso personas súper inteligentes y con grandes sueños en la vida llegaron a trabajar de gratis en algún que otro negocio, lograron rebasar esa frontera en no dejarse atar por un buen pago en algo que no es lo que iban hacer toda su vida. Trabajar de gratis tiene su recompensa y es muy grande, pues si lo haces por aprender algo que necesitas estarás recibiendo tu pago en el camino hacia tu vida empresarial y de negocios y con muy buenos resultados.

Si te acostumbras a uno te será muy difícil deshacerte de él, pues es la vida de empleado es el lado cómodo de la vida, la vida de emprendedor es la vida de sacrificio del hombre. Para ser un empleado común no se necesita que seas una persona pensante (si tu trabajo es manual), no se necesita que aprendas sobre negociaciones, ventas, estrategias de mercado, (si tu trabajo es llamar a clientes desde un call center).

Para tu crear algo tuyo propio, si se necesita ser una persona extraordinaria y capaz de tener una paciencia como la de Job, puesto que los resultados en la mayoría de los casos no aparecen rápidamente tienes que tener un plan B que pueda sustentar tu vida mientras crece y se desarrolla esa idea que pusiste a rodar.

> **Cómo tener más TIEMPO y hacer todo lo que tienes que hacer.**

El gran problema del ser humano mente pobre es que no valora la riqueza más grande que Dios dejo en la tierra, el tiempo. Muchas veces malgastamos el tiempo sin conocer los detalles más íntimos con los que podemos asociarnos para que este nos supla todo aquello de lo que carecemos. No analizamos la situación en virtud del tiempo para lograr los sueños que tanto anhelamos. Es imprescindible en la vida ser humano saber administrar del tiempo si desea llegar a ser rico y exitoso, el cual es el tema central de este libro. Si el tiempo que tenemos no es usado en su debida forma, todos nuestros planes pueden irse al abismo del fracaso y la perdición. Basta con ver a aquellos que pasan por la vida sin sueños ni metas y su tiempo no es importante pues su reloj de arena no funciona ni para arriba ni para abajo, en realidad ni reloj poseen porque no les hace falta para su mediocre vida.

Han notado que las personas mientras más ricas, famosas y poderosas son menos tiempo tienen. Es que no lo usan para cosas que no ofrecen algún resultado positivo para su vida. Si empiezas a actuar como rico, pronto se te pegaran sus creencias y hábitos y empezaras a pensar como ellos y cuando eso sucede tu mente se expande a horizontes ilimitados de lluvia de ideas. Pero sobre todo debes copiar el hábito de utilizar el tiempo para hacer cosas que te acerque a las riquezas y el bienestar económico.

Lo que no debes seguir haciendo:
- Pasar más tiempo viendo televisión que leyendo buenos libros.
- Pasar más tiempo saliendo a fiestas que a reuniones y conferencias de negocios.
- Pasar más tiempo gastando que generando dinero.
- Vivir endeudándote para gastar y no para invertir en cosas de valor.
- Actuar sin pensar y arruinar relaciones.
- Hablar por hablar sin tener nada que decir.

Cuando dejas de pasar tiempo en lo inservible y te dedicas a trabajar en ti, dígase leyendo, buscando nuevas formas de relacione personales, asistiendo a conferencias de negocios, dinero, inversiones y finanzas, cuando empieces a hacer todo eso tu vida empezara a cambiar para bien. Son cosas fáciles de lograr, solo debes cambiar unos cuantos hábitos, solo debes reiniciar tu mente y hacer que esta piense de una forma diferente, como piensan los ricos.

Empiezas a tener más tiempo cuando te levantas temprano a leer, hacer ejercicios, a meditar, a trabajar en tus proyectos. Empiezas a tener más tiempo cuando en tu trabajo haces lo que debes hacer en el menor tiempo posible y las horas que te restan la inviertes en lecturas o algún otro buen hábito que te acerque más a lo que deseas ser en realidad.

Empiezas a tener más tiempo que los demás cuando cada minuto cuenta cuando estás haciendo algo productivo, te das cuenta que cada minuto que dedicas a algo que no es positivo se lo quitas a tus sueños, empiezas a tener más tiempo cuando te propones hacer algo en un tiempo específico y vas en tu mente calculando el tiempo que te falta y eso hace que te empeñes más, que te esfuerces más en lograrlo.

El tiempo es nuestro patrón oro y del cual pueden se sacadas las más grandes riquezas que puedas llegar a imaginar.

Crees que algún multimillonario de la actualidad, tales como Carlos Slim, Warren Buffet, Jeff Bezos, Bill Gates, han perdido mucho tiempo en sus vidas??'. La respuesta de seguro es acertada. NO. Para tener las ideas que ellos han tenido, trabajar como ellos han trabajado y acumular las riquezas que ellos han acumulado no puede lograrse sin la dedicación 100% de su tiempo a pulverizar esas metas y alcanzar ese tan glorioso éxito que grita con gran eco a los siete vientos en todo el universo.

Tú puedes lograrlo al igual que ellos, pero para hacerlo no puedes seguir llevando la vida que tienes ahora. No levantándote a las 9 am, no durmiendo 10 horas al día, no leer ni siquiera 2 libros al mes, no concentrarte en buscar las ideas que aseguren un futuro a tu familia, no auto educándote en todos los sentidos, espiritual, emocional, profesional y personalmente. No puedes crecer financieramente sin antes no cultivar...

Una de las desventajas que tiene la clase pobre es que piensa que trabajar en un empleo es suficiente para sobrevivir y a la vez ser rico, o por lo menos los que piensan hacerse rico algún día. Lo que es totalmente erróneo, un empleo muy pocas veces te genera suficiente dinero como para hacerte rico, ningún empresario es tan tonto como para pagar tanto dinero. Algunos CEO de compañías súper grandes como la COCA COLA, APPLE, SANGSUM, Etc., etc., pagan suficiente dinero como para que esos gerentes no tenga la necesidad de querer venderse a otros como la competencia. Quizás ellos pueden ser ricos mediante un empleo, pero mientras sean empleados jamás tendrán libertad financiera, que no es lo mismo que ser rico.

Para tener tiempo y hacer lo que realmente importa solo hay que eliminar el primer mal habito de todo mente pobre, descansar dos o tres días a la semana, descansar luego de las 5 de la tarde hasta las 10 u 11 de la noche. Acaso no es bastante tiempo para hacer muchas otras cosas, como perseguir nuestros sueños si es que en realidad queremos salir de pobre. Imagínate si estuvieras ganando dinero en esas horas que no haces nada, por ejemplo de lunes a viernes de 5 pm a 11 pm., son seis horas, casi igual a las horas que pasas en la oficina que son 8 menos una de almuerzo siete, menos una hora barajando y yendo al baño, serian seis al igual que las que pasas en la oficina.

Cuando alguien dice que no tiene tiempo para hacer otras actividades de generación de dinero es porque en realidad su mente no concibe que pueda generar más dinero. El tiempo cuando se desea se busca en todas las formas posibles. Es como cuando estas en la escuela, tienes tareas pendientes, oficios de hacer en la casa y también tus amigos quieren invitarte a un compartir en la casa de uno de ellos. Piensas, haré las tareas rápidamente y los oficios que mi madre me encomendó para tener tiempo de ir con mis amigos, en efecto, haces todo eso en tiempo record, como nunca antes. Puesto que tienes un objetivo que deseas cumplir, ir con tus amigos. Estoy seguro que de no ser por la salida con tus amigos, todo lo que tenías que hacer no lo habías echo en tan poco tiempo sin tener algo más por hacer. Así mismo actuamos durante toda nuestra vida, como no tenemos metas y sueños por cumplir, usamos todo el tiempo que tenemos en hacer lo único que tenemos por hacer, trabajar en un empleo.

Leí en un libro una vez que las personas ocupamos el tiempo exacto que tenemos haciendo lo mismo de siempre, es decir si tenemos que construir una puerta por ejemplo y quien la encomendó dijo que en 5 días la quiere lista, te tomaras cinco días haciéndola, porque tu mente está programada para eso, en cambio si la misma puerta te la solicitan para que la termines en 12 horas ni más ni menos , la terminaras en 12 horas que es el tiempo que tienes para poder cumplir con ese cliente y ganarte un dinerito. Nosotros somos capaces de hacer todo lo que deseamos hacer, lo único que se interpone es la pereza y la falta de concentración en querer tener más tiempo, todo lo que desees lo vas a lograr si pones en acción un plan que persiga todo eso por lo cual vives.

¿Disminuir Gastos o Aumentar Ingresos?

Cual prefieres tu, aumentar los ingresos o disminuir los gastos para poder llegar a fin de mes? Creo que estaras de acuerdo conmigo que la mejor decision es aumentar los ingresos, pero, porque siempre existe un pero para todo, aumentar los ingresos no es tan facil como cuando decimos no voy a pagar mas el servicio de cable porque no tengo suficiente dinero. Aumentar los ingresos mensualmente requiere de muchos sacrificios y ademas de inversiones en conocimientos y en diversificacion del tiempo diario, que muchos no pueden o no saben como hacerlo pues creen que la unica forma de ganar ingresos es por medio al empleo de ocho a cinco de la tarde.

El primer consejo que puedo ofrecerte ante esta problemática es que primero amplíes tus horizontes, si deseas disminuir tus gastos o buscar la forma de aumentar tus ingresos y así no tener que vivir con menos posibilidades. Cuando aprendemos a pensar, crear ideas, buscar soluciones y aquietar nuestras preocupaciones económicas mediante la caza de nuevas fuentes de ingresos, abrimos las puertas a una infinidad de éxito que ni el universo con lo inmenso que es podría superar nuestra grandeza. Así que no te enfoques en vivir con menos, si no, en vivir mejor con una mejor calidad de vida pero para eso primero debemos preparar tu mente para ganar dinero.

El dinero es un producto el cual se usa para hacer mas y mas dinero, si gastas todo lo que ganas y luego te quejas por que no tienes dinero o por que estas esperando alguno oportunidad para ahorrar o invertir, jamas podras llegar a ser millonario. Recuerda que los ricos son ricos porque cuidaban desde los centavos y estos bien cuidados y reinvirtiendolos y moviendolo cada dia pueden llegar a convertirse en millones que es a lo que todos desean llegar. Como puedes llegar a la copa de un arbol para buscar la fruta mas dulce y madura si no sabes trepar o no tienes alguna herramienta para llegar a ella. Lo mismo sucede con el dinero, si no ahorras porque ganas poco, no ahorrarás cuando ganes mucho, todo es cuestion de habitos y los buenos se cultivan con el tiempo. No puedes llegar a la fruta sin antes estar preparado para los retos que ella tiene para quienes quieren sentir su sabor.

Formas de aumentar tus ingresos:

- ✓ Convierte parte de tu casa en una oficina o pequeño negocio o alquila alguna habitacion que tengas de sobra.
- ✓ Empieza a vender todo lo que se te ocurra y que esté dentro de la ley.
- ✓ Si tienes auto ponte a hacer unas horas de uber o taxis, habla con todos tus vecinos y diles que eres taxis para que te contraten en tus horas libres.

- ✓ Si eres profesional en alguna area trata de publicitarte por medio a las redes y los amisgo para captar clientes.
- ✓ Si tienes dinero ahorrado busca una forma de hacerlo crecer ya sea comprando algo que te deje dinero o ponerlo a plazo fijo.
- ✓ Busca cosas en la casa que ya no necesites y publicalas en alguna pagina de ventas de articulos usados.
- ✓ Busca un dinero y compra articulos de facil venta como de tecnologia, seguridad, adornos, hogar, etc en www.amazon.com o www.alibaba.com y revendelos con un margen de ganancia.
- ✓ Habla con todos tus amigos y conocidos y planteales que estas dispuesto a trabajar noches y fines de semana para que te recomienden.
- ✓ Entra en las paginas que conoces de empleos y ve si hay alguna vacante que puedas cumplir en tus horarios libres, hay trabajos solo de fines de semana, verifica.
- ✓ Crea un canal de youtube y haz videos que le guste a las personas.
- ✓ Conviertete en bloggero o escritor y empieza a escribir sobre algun tema interesante y gana notoriedad.
- ✓ Usa tu celular para algo mas que chatear y ver videos, es una fuente de ingresos inagotable.

Hecho, editado y escrito por:

Jose Armando Herrera

Autor de los libros :

Tomando Posesion de la Abundancia

NO te conformes

APRENDE SOBRE EL DINERO

El taller de la Felicidad

Siguenos en:

Blog: www.motivatumente1.blogspot.com

Instagram: @consejodecrecimiento

Facebook: Consejo de Crecimiento Personal

Latinoamerica Republica Dominican

www.ingramcontent.com/pod-product-compliance
Lightning Source LLC
Chambersburg PA
CBHW080815220526
45466CB00011BB/3570